VENTE

Du Vendredi 10 Mars 1911

HOTEL DROUOT, SALLE N° 11

A 2 HEURES 1/2

TABLEAUX MODERNES

AQUARELLES, PASTELS, DESSINS

COMMISSAIRE-PRISEUR

M° HENRI BAUDOIN

Successeur de M. Paul CHEVALLIER

EXPERTS PRÈS LA COUR D'APPEL

MM. J. & G. ✻ BERNHEIM JEUNE

CATALOGUE

DES

Tableaux Modernes

AQUARELLES, PASTELS, DESSINS

Par

ACCARD, J. BÉRAUD, BOUDIN, CHARLET, DEFAUX, DELPY, DUEZ, DUPRAY,

HARPIGNIES, G. JACQUET, J.-P. LAURENS,

LEBOURG, LELOIR, MAD. LEMAIRE, LHERMITTE, MONTPEZAT,

PELOUSE, RICHET, ROCHEGROSSE,

TRIGOULET, TROUILLEBERT, VIGNON, WORMS, ETC.

Dont la Vente aura lieu à Paris

HOTEL DROUOT, SALLE N° 11

LE VENDREDI 10 MARS 1911

A 2 HEURES 1/2

Mᵉ HENRI BAUDOIN	**MM. J. & G. & BERNHEIM JEUNE**
COMMISSAIRE-PRISEUR	EXPERTS PRÈS LA COUR D'APPEL
Successeur de *M. PAUL CHEVALLIER*	25, boulevard de la Madeleine
10, rue de la Grange-Batelière	15, r. Richepanse | 36, av. de l'Opéra

---

EXPOSITION PUBLIQUE

Le Jeudi 9 Mars 1911, de 2 heures à 6 heures

CONDITIONS DE LA VENTE

Elle sera faite au comptant.

Les adjudicataires paieront *dix pour cent* en sus des enchères.

Paris. — Imp. de l'Art, Ch. Berger, 41, rue de la Victoire.

DÉSIGNATION.

AQUARELLES, DESSINS

BÉRAUD (Jean)

1 — *Salle de Théâtre.*

Aquarelle. Haut., 30 cent.; larg., 39 cent.

CHARLET

2 — *Les Chanteurs ambulants.*

Dessin rehaussé de couleurs.
Haut., 28 cent.; larg., 23 cent.

DUEZ

3 — *Bateau à voiles.*

Pastel. Haut., 27 cent.; larg., 39 cent.

GALANT

4 — *Flirt.*

Aquarelle.

HARPIGNIES

5 — *La Seine à Paris.*

>   Aquarelle. Haut., 20 cent.; larg., 36 cent.

HERMANN (Paul)

6 — Deux dessins au crayon noir rehaussé de couleurs.

JACQUET (Gustave)

7 — *Jeune Femme debout.*

>   Aquarelle. Haut., 27 cent.; larg , 20 cent.

LELOIR (Maurice)

8 — *La Défense du Pont.*

>   Feuille d'éventail ; aquarelle.

LHERMITTE

9 — *Fête de Village.*

>   Dessin rehaussé de couleurs.
>   Haut., 16 cent.; larg., 25 cent.

MAROLD (L.)

10 — Deux dessins d'illustration.

>   Haut., 35 cent.; larg., 23 cent.

RIBOT

11 — Dessin.

Haut., 38 cent.; larg., 55 cent.

WORMS

12 — *L'Attente*.

Aquarelle. Haut., 36 cent.; larg., 25 cent.

———————

TABLEAUX

ACCARD (Eug.)

13 — *Scène d'intérieur.*

Bois. Haut., 26 cent.; larg., 21 cent.

BOUDIN (Eug.)

14 — *Les Chaumières. Effet d'orage.*

Bois. Haut., 25 cent.; larg., 39 cent.

BOUDIN (Eug.)

15 — *Vue d'un port de mer.*

Bois. Haut., 23 cent.; larg., 35 cent.

CADEL

16 — *Village breton.*

Haut., 23 cent.; larg., 53 cent.

DEFAUX (Alexandre)

17 — *Route dans la forêt.*

Toile. Haut., 64 cent.; larg., 1 mètre.

DELPY (H.-C.)

18 — *La Grève à Villerville. Effet de soleil couchant.*

Bois. Haut., 32 cent.; larg., 58 cent.

DOUMERGUE

19 — *Bord de rivière.*

> Haut., 55 cent.; larg., 65 cent.

DUPRAY (H.-L.)

20 — *Charge de cavalerie.*

> Bois. Haut., 20 cent.; larg., 26 cent.

DUPRAY (H.-L.)

21 — *Officier de cavalerie.*

> Bois. Haut., 26 cent.; larg., 21 cent.

GALLARD-LÉPINAY

22 — *Les Voiliers.*

> Haut., 50 cent.; larg., 76 cent.

GŒNEUTTE

23 — *La Copiste du Louvre.*

> Toile. Haut., 70 cent.; larg., 90 cent.

GIBAULT

24 — *Intérieur de ferme.*

> Haut., 24 cent.; larg., 32 cent.

HARPIGNIES

25 — *Paysage.*

> Toile. Haut., 48 cent.; larg., 41 cent.

HERSON

26 — *Entrée de village.*

> Bois. Haut., 30 cent.; larg., 43 cent.

INCONNU

27 — *Fleurs.*

> Haut., 38 cent.; larg., 55 cent.

LAURENS (Jean-Paul)

28 — *Le Docteur Faust.*

> Haut. 62 cent.; larg., 49 cent.

LEBOURG

29 — *Coucher de soleil sur une rivière.*

> Haut., 65 cent.; larg., 46 cent.

LEMAIRE (Madeleine)

30 — *Les Petits Mendiants.*

> Toile. Haut., 50 cent.; larg., 36 cent.

LE PETIT

31 — *Paysage montagneux avec tour au premier plan.*

> Toile. Haut., 26 cent.; larg., 40 cent.

MITA

32 — *Paysage.*
>Haut., 38 cent.; larg., 55 cent.

MONTPEZAT

33 — *Chasseurs sous bois.*
>Toile. Haut., 95 cent.; larg., 76 cent.

PELOUSE (L.-G.)

34 — *Paysanne sur une route.*
>Toile. Haut., 40 cent.; larg.. 54 cent.

PRUD'HON (D'après P.-P.)

35 — *La Justice divine poursuivant le crime.*
>Toile. Haut., 62 cent.; larg., 80 cent.

RICHET

36 — *Soleil couchant.*
>Haut., 55 cent.; larg., 81 cent.

RICHET

37 — *Soleil couchant.*
>Haut., 56 cent.; larg., 81 cent.

RICHET

38 — *Soleil couchant.*
>Haut., 43 cent.; larg., 65 cent.

RICHET

39 — *Soleil couchant.*

Haut., 43 cent.; larg., 65 cent.

ROCHEGROSSE

40 — *Électra refuse de livrer les corps de ses frères.*

Esquisse.

Toile. Haut., 32 cent.; larg., 40 cent.

TANGUY

41 — *Coucher de soleil.*

Haut., 88 cent.; larg., 1 m. 34 cent.

TRIGOULET (Eug.)

42 — *Retour de pêche.*

Toile. Haut., 44 cent.; larg., 53 cent.

43 — *Une Rue de San-Gimignaud.*

Toile. Haut., 63 cent.; larg., 52 cent.

44 — *Baigneuses.*

Toile. Haut., 44 cent.; larg., 63 cent.

45 — *Bateaux sur la Plage.*

Bois. Haut., 14 cent.; larg., 10 cent.

TROUILLEBERT

46 — *Bords de rivière.*

Toile. Haut., 37 cent.; larg., 45 cent.

VIGNON (Victor)

47 — *Bords de rivière.*

Toile. Haut., 31 cent.; larg., 45 cent.

WAGNER

48 — *Fleurs.*

Haut., 1 m. 02 cent.; larg., 80 cent.

WORMS (J.)

49 — *Espagnol debout.*

Bois. Haut., 16 cent.; larg., 10 cent.

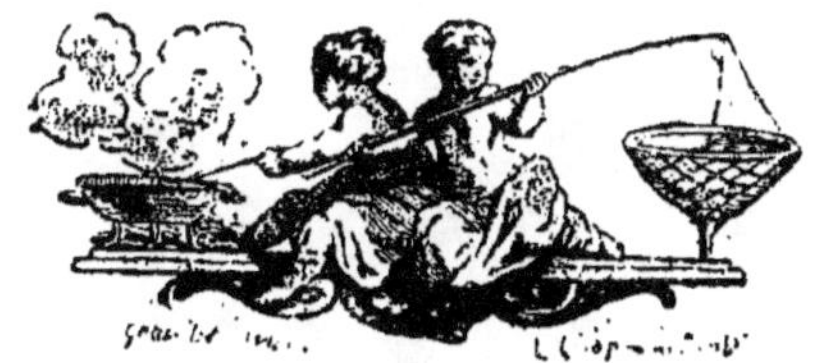